JN076850

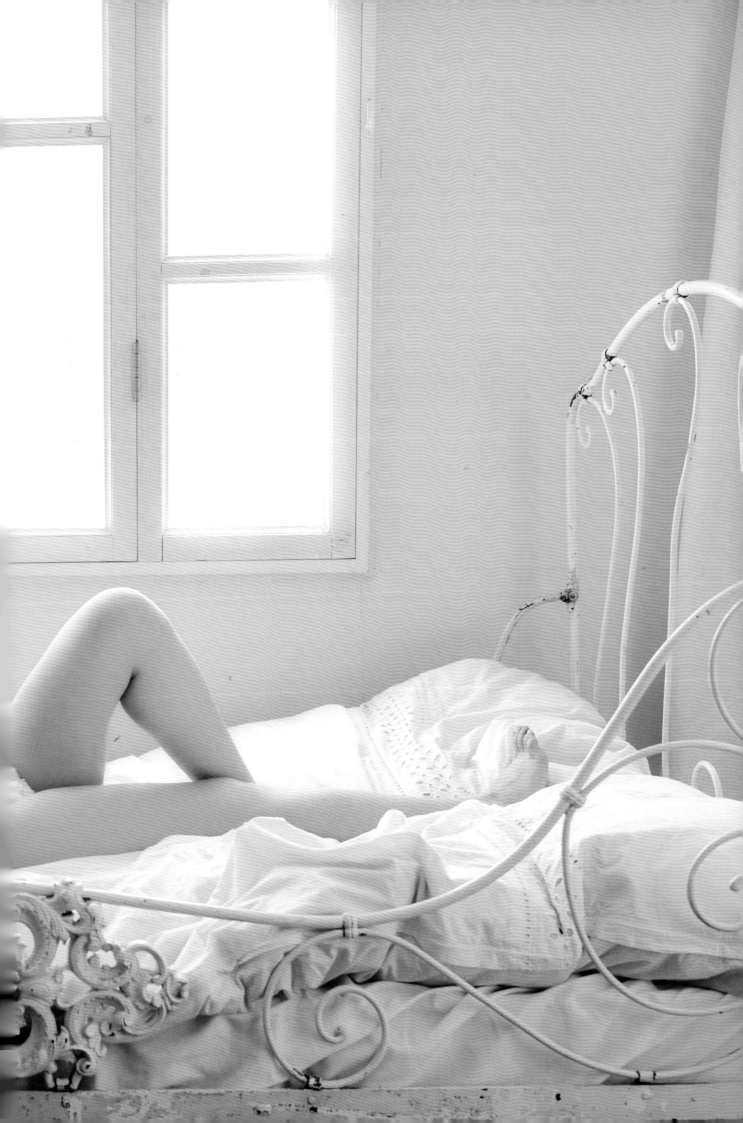

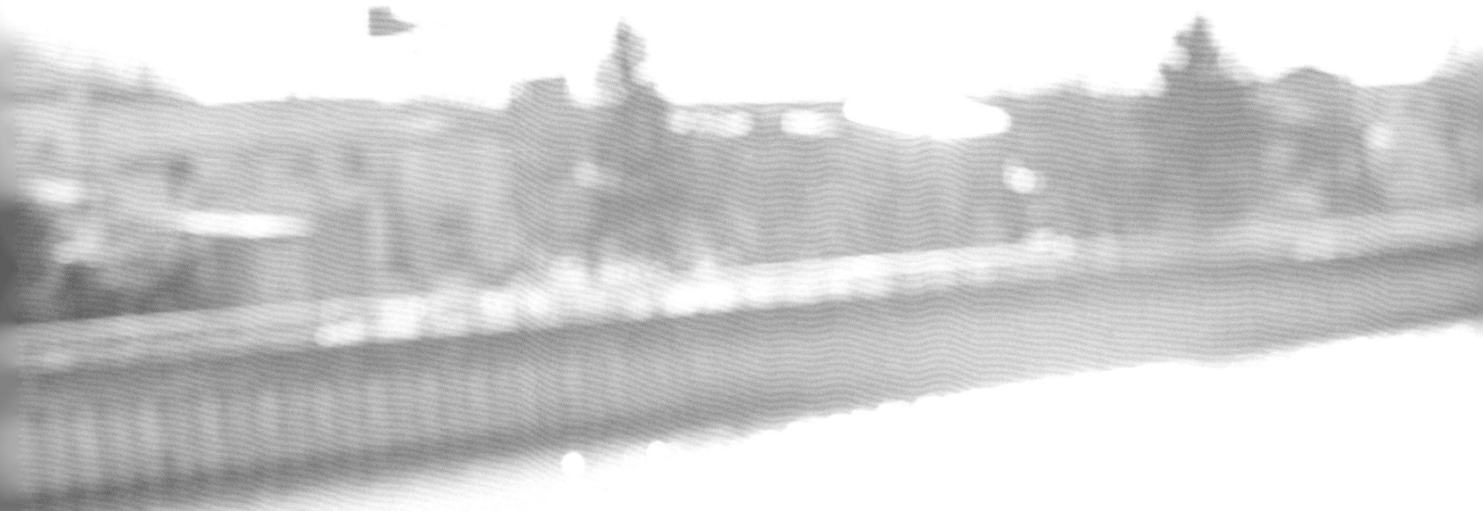

実は、最初にお話をいただいた時は
私がまだまだ半人前でお受けすることができなかったらしく…！
それから少し時が経ち、またお声がけしてくださった時、
今こうして手に取って応援してくれているきみ！が居たから
実現することができました！
みんなが居たから、みんなのために
頑張れたんだよ　本当にありがとう
　　　BIG LOVE ─────

おてがみ

虹のコンキスタドール
岡田彩夢
より

2021年3月22日　初版第一刷発行

Model　岡田彩夢
Photographer　高橋慶佑
Stylist　いまい ゆうこ
Hair & Make　太田夢子 (earch)、双木昭夫 (クララシステム)
Management　DEARSTAGE inc.

衣装協力
merry jenny　03-6840-5353
RANNEBRA 代官山店　03-6455-3365

撮影協力
時計台、松崎牧場、間島宅、北キツネ牧場、紋次郎 (犬)

Transworld Japan Inc.
Produce　斉藤弘光
Designer　山根悠介
Sales　原田聖也

発行者　佐野 裕
発行所　発行所／トランスワールドジャパン株式会社
　　　　〒150-0001 東京都渋谷区神宮前 6-25-8 神宮前コーポラス
　　　　Tel：03-5778-8599 Fax：03-5778-8743

印刷・製本　株式会社グラフィック

ISBN 978-4-86256-311-8
2021 Printed in Japan
©Transworld Japan Inc.